Rectángulos

Teddy Borth

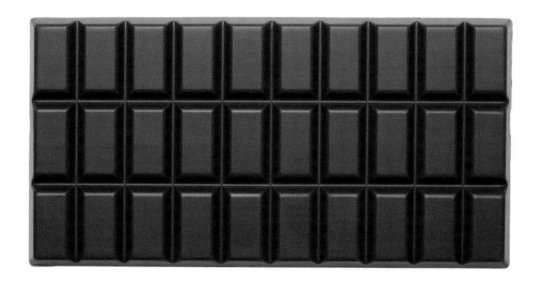

Abdo Kids

¡FORMAS DIVERTIDAS!

abdopublishing.com

Published by Abdo Kids, a division of ABDO, PO Box 398166, Minneapolis, Minnesota 55439.
Copyright © 2017 by Abdo Consulting Group, Inc. International copyrights reserved in all countries.
No part of this book may be reproduced in any form without written permission from the publisher.

Printed in the United States of America, North Mankato, Minnesota.

102016

012017

THIS BOOK CONTAINS
RECYCLED MATERIALS

Spanish Translator: Maria Puchol

Photo Credits: Glow Images, iStock, Shutterstock

Production Contributors: Teddy Borth, Jennie Forsberg, Grace Hansen

Design Contributors: Candice Keimig, Dorothy Toth

Publisher's Cataloging-in-Publication Data

Names: Borth, Teddy, author.

Title: Rectángulos / by Teddy Borth.

Other titles: Rectangles. Spanish

Description: Minneapolis, MN : Abdo Kids, 2017. | Series: ¡Formas divertidas! |
    Includes bibliographical references and index.

Identifiers: LCCN 2016947321 | ISBN 9781624026188 (lib. bdg.) |
    ISBN 9781624028427 (ebook)

Subjects: LCSH: Rectangles--Juvenile literature. | Geometry--Juvenile literature. |
    Shapes--Juvenile literature. | Spanish language materials--Juvenile literature.

Classification: DDC 516/.15--dc23

LC record available at http://lccn.loc.gov/2016947321

Contenido

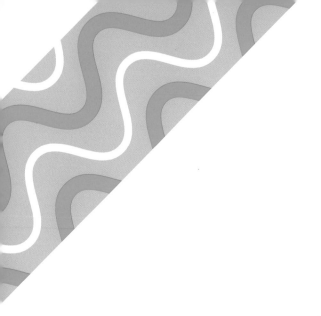

Rectángulos

Un rectángulo tiene 4 lados.

También tiene 4 ángulos.

1

4

2

3

5

¡Hay rectángulos por todas partes!

Vemos rectángulos en canchas de fútbol. Se juega dentro del rectángulo.

Las pantallas tienen forma de rectángulo. Beth usa su tableta.

La gente nada dentro de
los rectángulos.

Hay rectángulos en los autobuses. Se abren para que James entre.

Se pueden apilar perfectamente.

Forman una pared.

Hay rectángulos en los libros.

Sara tiene uno en la mano.

19

¡Mira a tu alrededor! Seguro que verás algún rectángulo.

¡Cuenta los rectángulos!

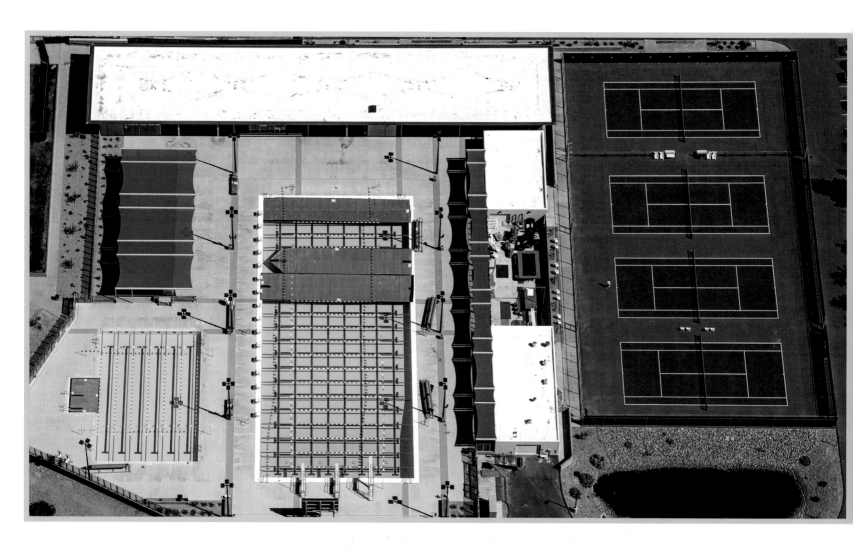

Glosario

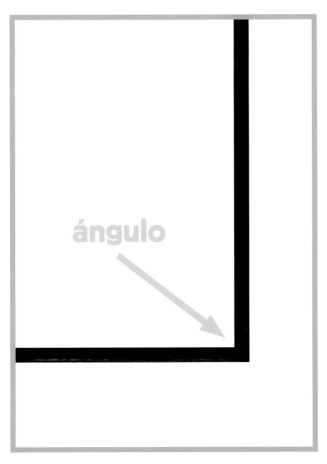

ángulo

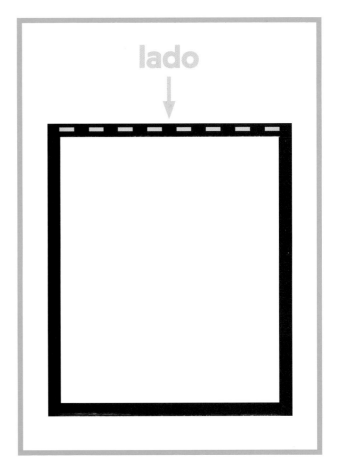

lado

ángulo
espacio formado entre dos líneas
que se juntan en un punto.

lado
línea que forma el borde de
un objeto.

Índice

abdokids.com

¡Usa este código para entrar en abdokids.com y tener acceso a juegos, arte, videos y mucho más!

Código Abdo Kids:
SRK1453